Unia Genosis

ROSEN-KRIEG - Zehnter Band

AF895007

Unia Genosis

ROSEN-KRIEG - Zehnter Band

"war of the roses" / "guerre des roses"

Goldene Rakete Verlag für Belletristik

Imprint
Any brand names and product names mentioned in this book are subject to trademark, brand or patent protection and are trademarks or registered trademarks of their respective holders. The use of brand names, product names, common names, trade names, product descriptions etc. even without a particular marking in this work is in no way to be construed to mean that such names may be regarded as unrestricted in respect of trademark and brand protection legislation and could thus be used by anyone.

Cover image: www.ingimage.com

Publisher:
Goldene Rakete Verlag für Belletristik
is a trademark of
International Book Market Service Ltd., member of OmniScriptum Publishing Group
17 Meldrum Street, Beau Bassin 71504, Mauritius

Printed at: see last page
ISBN: 978-620-2-44427-9

Copyright © Unia Genosis
Copyright © 2018 International Book Market Service Ltd., member of OmniScriptum Publishing Group
All rights reserved. Beau Bassin 2018

Inhaltsverzeichnis:

I. Abänderungsantrag (2017/2018):

1. Schreiben der Kanzlei „ehr&wehr" an das Amtsgericht:[1]

In der Familiensache

A. ./. G.

überreichen wir als **Anlage 1** in Kopie den Arbeitsvertrag, den der Antragsteller mit der K. abschließen konnte, befristet für die Zeit von 01.11.2016 bis 30.04.2017.

Trotz erheblicher gesundheitlicher Einschränkungen hat der Antragsteller diesen Vertrag geschlossen in der Hoffnung, den Dienst aufgrund der vereinbarten 10 Stunden wöchentlich einigermaßen gewachsen zu sein.

Wir überreichen als **Anlage 2** in Kopie ebenfalls die Gehaltsmitteilung des Antragstellers für den Monat November 2016.

Ergänzend fügen wir die Aufstellung des Antragstellers über seine Wohnkosten im Jahre 2015 vom 10.12.2016 bei.

Der Antragsteller stellt bei der zuständigen Behörde den Antrag auf Anerkennung als Schwerbehinderter. Hierauf hat er nach seiner schweren Darmkrebsoperation einen Anspruch.

---

[1] 22.12.2016

Wir überreichen als Anlage 3 in Kopie ein Schreiben der Kinder- und Jugendpsychotherapeutin vom 14.11.2016, welches den Schluss nahe legt, dass die Antragsgegnerin, Frau G., hier wiederum einen Antrag auf stationäre Psychotherapie bezüglich der ältesten Tochter gestellt hat.

Selbstverständlich wird dem von Seiten des Antragstellers nicht zugestimmt. Die älteste Tochter lehnt dergleichen ab. Frau G. mag ihr eigenes Verhalten nachdrücklich überdenken, obwohl dies auf der Linie ihrer Verhaltensweise liegt.

Rechtsanwalt

2. <u>Schreiben des Amtsgerichts an die Kanzlei „Wohlsein":</u>[2]

In Sachen

A. ./. G.

wg. Unterhalt Kind

Sehr geehrte Damen und Herren Rechtsanwälte,

im oben bezeichneten Verfahren wurde der Haupttermin bestimmt auf:

Wochentag und Datum: **Donnerstag, 16.03.2017**

Uhrzeit: **13:15**

Zu diesem Termin werden Sie hiermit geladen.

Mit freundlichen Grüßen

Auf Anordnung

Justizsekretär

Dieses Schreiben wurde elektronisch erstellt und ist ohne Unterschrift gültig.

[2] 11.01.2017

3. Schreiben der Kanzlei „Wohlsein" an Frau G.: [3]

A. ./. G.

Sehr geehrte Frau G.,

in der obigen Angelegenheit erhalten Sie anliegend das Schreiben des Amtsgerichts vom 11.01.2017 nebst damit übersandtem Beschluss vom 09.01.2017 mit der freundlichen Bitte um Kenntnisnahme.

Dem Beschluss können Sie entnehmen, dass der Antragsgegnerin zu 2. Verfahrenskostenhilfe bewilligt wurde.

Ebenso wird in der Anlage die Ladung des Amtsgerichts vom 11.01.2017 übermittelt, aus welcher ersichtlich ist, dass Haupttermin für

Donnerstag, 16.03.2017 um 13:15 Uhr

anberaumt wurde.

Ferner erhalten Sie den Schriftsatz des gegnerischen Prozessbevollmächtigten vom 22.12.2016 zu Ihrer Kenntnis und mit der Bitte um Stellungnahme.

Über den Fortgang werden wir Sie informiert halten.

Mit freundlichen Grüßen
(Rechtsanwältin)

[3] 17.01.2017

4. Schreiben der Kanzlei „Wohlsein" an das Amtsgericht:[4]

In Sachen

A.

./.

G.

nehmen wir zu dem Schriftsatz der Antragstellerseite vom 22.12.2016wie folgt Stellung:

Zunächst möchten wir anmerken, dass der seitens der Antragstellerseite überreichte Arbeitsvertrag vom 14.10.2016 datiert. Der Antragsteller wusste also bereits Mitte Oktober 2016, dass er ab November 2016 entlohnt wird! Es wäre seine Pflicht gewesen, dies dem Gericht und auch der Antragsgegnerin mitzuteilen. Stattdessen lässt er mit Schriftsatz vom 06.12.2016 vortragen, dass er „*einige wenige Stunden als Aushilfe für eine erkrankte L. erteilt, dies jedoch ohne Bezahlung*".

Bereits die Ablehnung über die Verfahrenskostenhilfe der Antragsgegnerin durch Beschluss des AG vom 17.10.2016, erst recht aber das Beschwerdeverfahren vor dem OKG hätte vermieden werden können.

[4] 17.01.2017

Es ist doch sehr verwunderlich, dass der Antragsteller – obwohl diverse Verfahren rechtshängig sind, in denen es um die Einkommensverhältnisse des Antragstellers geht – solch entscheidende Tatsachen wie die Unterzeichnung eines Arbeitsvertrages erst 3 Monate (!) später mitteilt. Wir behalten uns ausdrücklich die Einleitung strafrechtlicher Schritte wegen versuchten Prozessbetrugs vor.

Die Mutter der Antragsgegnerin hat erfahren, dass der Antragsteller zudem als V. beschäftigt ist. Seit wann, ist jedoch nicht bekannt. Auch ist nicht bekannt, was er dort verdient. Wir weisen nochmals darauf hin, dass der Antragsteller, der vorliegend die Abänderung von Unterhaltstiteln auf null begehrt, die Pflicht hat, vollständig und wahrheitsgemäß über seine Einkünfte Auskunft zu erteilen. Sowohl an der Vollständigkeit als auch an der Wahrheit der Angaben des Antragstellers bestehen jedoch massive Zweifel.

Die behaupteten Wohnkosten die Antragstellers werden bestritten. Er legt keinerlei nachprüfbare Belege hierzu vor. Auch die jährliche Belastung ist mit 65.072,72 € (!) nicht nachvollziehbar.

Des Weiteren betrifft die seitens des Antragstellers überreichte Anl. 3 die von ihm selbst gefertigte, nicht nachprüfbare Wohnkostenabrechnung. Angekündigt als Anl. 3 ist jedoch ein Schreiben der Kinder- und Jugendlichenpsychotherapeutin vom 14.11.2016, welches nicht vorliegt. Es ist auch nicht klar, wie ein Schreiben der Therapeutin in der vorliegenden Unterhaltsangelegenheit weiterhelfen soll. Der Antragsteller mag lieber vollständig und wahrheitsgemäß sämtliche für den Unterhalt maßgeblichen Belege vorlegen, anstatt zu versuchen, auf emotionaler Schiene Mitleid zu erregen.

Rein vorsorglich überreichen wir ein Schreiben der Versorgungskasse vom 29.11.2016 (**Anlage**) woraus hervorgeht, dass die Mutter der Antragsgegnerin für die älteste Tochter auch weiterhin Familienzuschlag erhält, solange der Antragsteller nicht im öffentlichen oder k. Dienst beschäftigt ist und das Kindergeld für die älteste Tochter von der Familienkasse gezahlt wird.

In diesem Zusammenhang möchten wir auf die Auswirkungen der unnötig späten Übersendung des Arbeitsvertrages seitens des Antragstellers hinweisen:

Der zuständige Sachbearbeiter der Versorgungskasse teilte der Mutter der Antragsgegnerin vorab fernmündlich mit, dass aufgrund der Tatsache, dass der Antragsteller – wie erst jetzt bekannt gegeben wurde – im öffentlichen bzw. k. Dienst seit dem 01.11.2016 beschäftigt ist, bei ihr ein dreistelliger monatlicher Abzug hinsichtlich des Familienzuschlages ergibt, mit der Folge, dass rückwirkend ab November 2016 ihr Gehalt neu berechnet werden wird. Demzufolge besteht ein vierstelliger Rückerstattungsanspruch der Versorgungskasse für diesen Zeitraum.

Der Antragsteller verursacht somit erneut ein riesiges Durcheinander und trägt leider überhaupt nicht zu einer prozessökonomischen und sinnvollen Durchführung des hiesigen Verfahrens bei.

Die Folgen, die durch das Verschleppen der Informationen seitens des Antragstellers, ab 01.11.2016 in Anstellung zu sein, hervorgerufen werden, lassen sich somit wie folgt zusammenfassen:

- Der Kindesmutter wird rückwirkend ab 01.11.2016 das Gehalt um den Familienzuschlag für die Antragsgegnerin zu 1) (älteste Tochter) gekürzt;
- Die jeweils monatlich überzahlten dreistelligen Beträge werden vierstellig von ihrem März-Gehalt einbehalten werden;
- Somit stehen der alleinerziehenden Kindsmutter für März lediglich 531,32 € zur Verfügung, wovon die laufenden Kosten einer vierköpfigen Familie gedeckt werden müssen;
- Zudem muss auch noch der Unterhaltsbeitrag für die älteste Tochter in Höhe von aktuell 388,00 € gezahlt werden.

Insgesamt wurde diese für die Kindsmutter existenzbedrohende Situation allein durch die Verschleierungstaktik des Antragstellers mutwillig hervorgerufen.

Die Rechtsanwälte
durch

5. Schreiben der Kanzlei „ehr&wehr“ an die Kanzlei „Wohlsein“:[5]

Sehr geehrte Frau Kollegin,

in Sachen G. / A. übereiche ich ergänzend zu den bisherigen Unterlagen als **Anlage** in Kopie die ärztliche Bescheinigung des Arztes für Innere Medizin (Onkologie) vom 30.01.2017, aus der sich ergibt, dass Herr A. infolge seiner schweren Darmoperation und der sich anschließenden Chemotherapie bis in den November 2016 hinein nur sehr eingeschränkt arbeitsfähig war. Im Hinblick hierauf und wegen der zuvor bestehenden sehr eingeschränkten Verdienstverhältnisse, die aus ärztlicher Sicht auch daran lagen, dass Herr A. durch die bereits vorhandene Krebserkrankung auch schon bereits vor der Operation beeinträchtigt war, schlage ich vor, dass die Parteien sich hinsichtlich des Unterhaltes für die beiden Kinder einigen. Ihre Mandantin hat ja bereits Unterhalt nach der Einkommensgruppe 2 der Düsseldorfer Tabelle für die gemeinsame älteste Tochter an unseren Mandanten gezahlt.

Unser Mandant ist bereit, für die mit Schwerpunkt bei Ihrer Mandantin lebende jüngere Tochter ebenfalls nach Gruppe 2 der Düsseldorfer Tabelle Unterhalt zu zahlen, beginnend mit dem Monat Oktober 2016.

Es wird deshalb eine vergleichsweise Regelung im laufenden Verfahren vor dem Familiengericht vorgeschlagen, die in etwa wie folgt lauten könnte:

---

[5] 06.02.2017

1. Die Mutter der verfahrensbeteiligten Kinder verpflichtet sich, an den Vater der beiden Kinder, Herrn A., für die älteste Tochter jeweils monatlich im Voraus bis zum 3. eines jeden Monats Unterhalt nach Einkommensstufe 2 der Düsseldorfer Tabelle zu zahlen. Der Zahlbetrag beträgt ab Januar 2017 387,00 €. Die Verfahrensbeteiligten sind sich einig, dass der Unterhaltsanspruch für die älteste Tochter für das Jahr 2016 in vollem Umfang erfüllt worden ist.

2. Der Verfahrensbeteiligte Herr A. verpflichtet sich, ab dem Monat Oktober 2016 für die bei Frau G. lebende jüngere Tochter ebenfalls Unterhalt nach der Einkommensgruppe 2 der Düsseldorfer Tabelle zu zahlen. Dies bedeutet für 2016 309,00 € monatlich und für 2017 317,00 € monatlich.

   Die rückständigen Beträge für 2016 und für Januar und Februar 2017 wird Herr A. bis spätestens zum 31.03.2017 zahlen.

3. Die Verfahrensbeteiligten sind sich darin einig, dass ab März 2017 die beiden Unterhaltsverpflichtungen gegeneinander verrechnet werden und Frau G. ab März 2017 an Herrn A. den verbleibenden Betrag von 70,00 € zahlt.

4. Mit diesem Vergleich sind die Rechtsstreitigkeiten 2016 (Abänderungsantrag und Vermögensauskunft) erledigt. Die Kosten dieser Verfahren werden gegeneinander aufgehoben.

5. Mit Verbindlichkeit dieses Vergleichs verlieren die Urkunden 2011 Kreisverwaltung Abt. Jugend und Familie vom 24.05.2011 ihre Geltung.

Ich wäre Ihnen dankbar, wenn Sie diesen Vergleichsvorschlag mit Ihrer Mandantin erörtern könnten.

Mit freundlichen kollegialen Grüßen

Rechtsanwalt

6. Schreiben der Kanzlei „ehr&wehr“ an das Amtsgericht:[6]

In der Familiensache

A. ./. G.

übereichen wir als **Anlage** in Kopie die ärztliche Bescheinigung des Arztes für Innere Medizin (Onkologie) vom 30.01.2017. Wir weisen darauf hin, dass durch die schwere Krebserkrankung des Antragstellers dieser bereits vor der Operation erheblich beeinträchtigt war. In der Zeit nach der Operation wurde bis in den November 2016 hinein eine Chemotherapie durchgeführt, aufgrund deren er körperlich und psychisch sehr beeinträchtigt war.

Wir haben mit gleicher Post an die gegnerischen Prozessbevollmächtigten einen Vergleichsvorschlag dahingehend unterbreitet, dass der Antragsteller ab Oktober 2016 für die jüngere Tochter Unterhalt nach der Einkommensstufe 2 der Düsseldorfer Tabelle zahlt und, da Frau G. ab Juli 2016 Unterhalt ebenfalls nach der Stufe 2 der Düsseldorfer Tabelle an den Antragsteller zahlt, dies in einem Vergleich ebenfalls schriftlich festzuhalten bei einverständlicher Aufhebung der vorliegenden Jugendamtsurkunden und Aufhebung der Kosten gegeneinander.

Rechtsanwalt

[6] 07.02.2017

7. Schreiben des Amtsgerichts an die Kanzlei „Wohlsein“:[7]

In Sachen

A. ./. G.

wg. Unterhalt Kind

Sehr geehrte Damen und Herren Rechtsanwälte,

der Termin vom 16.03.2017, 13.15, wurde aufgehoben.

Grund:
Außergerichtliche Vergleichsverhandlungen.

Sie brauchen daher zu diesem Termin n i c h t zu erscheinen.

Die Anberaumung eines neuen Termins bleibt vorbehalten.

Mit freundlichen Grüßen
Die Geschäftsstelle des Amtsgerichts

Justizbeschäftigte
Dieses Schreiben wurde elektronisch erstellt und ist ohne Unterschrift gültig.

[7] 15.03.2017

8. Schreiben der Kanzlei „Wohlsein" an die Kanzlei „ehr&wehr":[8]

Sehr geehrte Herren Kollegen,
sehr geehrter Herr Kollege,

unter Bezugnahme auf Ihren Vergleichsvorschlag teilen wir nach Rücksprache mit der Mandantin mit, dass diese lediglich unter folgenden Voraussetzungen bereit ist, die Angelegenheiten vergleichsweise zu beenden:

Herr A. zahlt aufgrund seines monatlichen Durchschnittseinkommens in Höhe von 1.973,10 € in 2015 ab Januar 2016 Kindesunterhalt gemäß Einkommensgruppe drei der Düsseldorfer Tabelle.

Aus den vorliegenden Auskünften des Herrn A. für das Jahr 2015 ergibt sich folgende Einkommenssituation:

a) Januar 2015 bis April 2015 jeweils 733,93 €, somit 2.935,72 €
b) Mai 2015 Bezug Arbeitslosengeld I: 1.536,30 €
c) Juni bis November 2015 Gründungszuschuss monatlich 1.444,61 €, somit 8.667,66 €
d) Einnahmen aus selbständiger Tätigkeit: 3.0337,50 €
e) Zuschuss im Dezember: 300,00 €
f) Wohnvorteil monatlich 600,00 €, somit jährlich 7.200,00 €

Einkommen insgesamt somit 23.677,18 €

[8] 22.03.2017

23.677,18 €/12 ergeben 1.973,10 € monatliches Durchschnittseinkommen in 2015.

Daraus ergibt sich gemäß Düsseldorfer Tabelle Gruppe drei, Stufe drei, für die älteste Tochter monatlicher Kindesunterhalt in Höhe von 400,00 € und für die jüngere Tochter drei in Höhe von 328,00 € monatlich.

Gemäß der Jugendamtsurkunden war Herr A. lediglich verpflichtet worden, den jeweiligen Mindestunterhalt zu zahlen. Da sein Einkommen nunmehr – wie ersichtlich – in die Gruppe drei der Düsseldorfer Tabelle einzuordnen ist, hat sich sein Einkommen nachweislich erhöht, so dass die vorliegenden Urkunden abzuändern sind.

Die als Grundlage könnte der Vergleich wie folgt lauten:

1. Die Parteien sind sich einig darüber, dass die Jugendamtsurkunden der Kreisverwaltung vom 24.05.2011, Urkundenregisternummer 2011, durch den folgenden Vergleich wie folgt abzuändern sind:

2. Herr A. zahlt aufgrund seines monatlichen durchschnittlichen Einkommens in Höhe von 1.963,10 € in 2015 Kindesunterhalt an Frau G., sofern die Ansprüche nicht auf die Unterhaltsvorschusskasse übergegangen sind.

a) Für die älteste Tochter 400,00 € für die Monate Januar bis August 2016, somit 8 x 400,00 € = **3.200 €;**

b) Insoweit zurückzuzahlen sind dabei die bereits geleisteten Unterhaltszahlungen der Frau G. für die Monate Juli und August 2016, 2 x 378 € = **756,00 €;**

c) Für die jüngere Tochter 328,00 € für die Monate Januar bis Dezember 2016, also 12 x 328,00 € = **3.936,00 €;**

d) Für die jüngere Tochter 337,00 € für die Monate Januar bis März 2017, 3 x 337,00 € = **1.011,00 €;**

e) Hinsichtlich der vorgenannten Nachzahlung in Höhe von insgesamt 8.903,00 € ist zu beachten, dass insoweit ein Anspruchsübergang auf die Unterhaltsvorschusskasse in Höhe von bislang gezahlten 2.737,00 € vorliegt, so dass insgesamt ein Nachzahlungsanspruch der Frau G. gegenüber Herrn A. in Höhe von 6.166,00 € besteht, der bis zum 30.04.2017 auszugleichen ist.

3. Die Parteien sind sich einig darüber, dass ab April 2017 eine Verrechnung der jeweiligen Unterhaltsansprüche stattfindet und Frau G. für die bei Herrn A. lebende Tochter monatlich nur noch den Differenzbetrag in Höhe von 27,00 € (364,00 € - 337,00 €) zahlt.

4. Die Parteien sind sich einig darüber, dass die Unterhaltsansprüche für die älteste Tochter bis einschließlich März 2017 durch Frau G. vollständig erfüllt sind.

5. Herr A. versichert ausdrücklich und an Eides statt die Vollständigkeit seiner Vermögensauskünfte für den Zeitraum 2013 – 2015, ebenfalls bis zum 30.04.2017; andernfalls wird Frau G. aus

dem Beschluss des AG 2016 vom 13.07.2016 die Vollstreckung betreiben.

6. Die Kosten des Verfahrens und des Vergleichs trägt Herr A.

Ich darf Sie höflich bitten, die Vorstellungen unserer Mandantin mit Ihrem Auftraggeber zu besprechen.

Mit freundlichen kollegialen Grüßen

(Rechtsanwalt)

9. Schreiben Kanzlei „ehr&wehr“ an Kanzlei „Wohlsein“:[9]

Sehr geehrte Frau Kollegin,
sehr geehrter Herr Kollege,

in der vorbezeichneten Unterhaltssache bestätige ich dankend den Eingang Ihres E-Mail-Schreibens vom 22.03.2017. Ich bitte um Nachsicht, dass aufgrund der Komplexität der Angelegenheit und zwischenzeitlichem längeren Urlaub erst jetzt vorab Stellung genommen werden kann.

Im Einzelnen darf ich folgendes ausführen:

Da es um den Kindesunterhalt für beide Töchter für das Jahr 2016 geht, ist aus hiesiger das Einkommen sowohl Ihrer Mandantin als auch unseres Mandanten in 2016 maßgeblich. Dieses Einkommen kann nunmehr beziffert und belegt werden.

Hierzu überreiche ich als **Anlage** 1) die Aufstellung unseres Mandanten über seine sämtlichen Einnahmen in 2016 sowie als **Anlage** 2) die Zusammenstellung seiner Wohnkosten.

Herr A. wird sowohl für 2015 als auch für 2016 seine Angaben eidesstattlich versichern.

Im Jahr 2016 ergibt sich hiernach, davon ausgehend, dass Einkommensteuern nicht nachzuzahlen sind, ein Einkommen von

[9] 18.04.2017

3.335,99 € + 8.500,00 € + 2.400,00 € = 14.235,99 € abzüglich der von unserem Mandanten gezahlten Sozialversicherungsbeiträge von 3.525,21 €, sodass ein Jahreseinkommen von 10.710,78 € verbleibt.

Legt man, wie in Ihrer Aufstellung geschehen, einen Wohnvorteil von 600,00 € zugrunde, gelangt man zu einem unterhaltspflichtigen Jahresbetrag von 17.910,78 € entsprechend 1.492,56 € im Monat.

Angesichts der nicht unerheblichen Wohnkosten dürfte es durchaus gerechtfertigt sein, den Unterhalt der Gruppe 1 zu entnehmen. Wegen der geringen Differenzen zwischen Gruppe 1 und Gruppe 2 sollte dies nicht zu einem Scheitern der beabsichtigten Vereinbarung führen. Jedenfalls ist aber für 2016 maximal die Gruppe 2 zugrunde zu legen, somit für die älteste Tochter monatlich 378,00 €. Ab Januar 2017 entspricht dem ein Betrag von 387,00 €.

Der Unterhalt der jüngeren Tochter ist angesichts des bisher dargelegten Einkommen Ihrer Mandantin ebenfalls der Gruppe 2 zu entnehmen. Der Zahlbetrag für 2016 müsste dann mit 309,00 € zugrunde gelegt werden, für 2017 mit 317,00 €.

Ich erwarte nunmehr von unserem Mandanten eine Zusammenstellung der von ihm in 2016 für den Unterhalt des Jahres 2016 gezahlten Beträge sowie der von Ihrer Mandantin erhaltenen Beträge, damit diese gegenübergestellt werden können.

Selbstverständlich wird Herr A. die auf das Jugendamt übergegangenen Beträge an dieses zahlen. Auch hierzu erwarte ich noch eine Aufstellung des Jugendamtes.

Ich gehe davon aus, dass sowohl die eidesstattliche Erklärung von Herrn A. als auch die Aufstellung des Jugendamtes kurzfristig hier vorliegen. Es wird dann eine abschließende Stellungnahme zu Ihrem Vergleichsvorschlag erfolgen. Angesichts der vorliegenden Zahlen ist davon auszugehen, dass die Vorstellungen beider Seiten nicht eklatant auseinanderliegen, sodass eine Einigung, auch im Interesse der Kinder, erfolgen kann.

Mit freundlichen kollegialen Grüßen
(für den nach Diktat verreisten Rechtsanwalt)

Rechtsanwalt

10. Schreiben Kanzlei „ehr&wehr“ an Kanzlei „Wohlsein“:[10]

Sehr geehrte Frau Kollegin,

in der vorbezeichneten Angelegenheit überreiche ich als Anlage die eidesstattliche Erklärung meines Mandanten hinsichtlich der zutreffenden Angaben über seine Einkommen in 2015 und 2016.

Sie hatten mit Ihrem Schreiben vom 08.09.2016 verschiedene Gehaltsmitteilungen des Dienstherrn Ihrer Mandantin aus 2015 und 2016 übermittelt, die datumsmäßig letzte Gehaltsmitteilung für September 2016. Darf ich deshalb darum bitten, noch kurzerhand die für die letzten drei Monate 2016 geltenden Gehaltsmitteilungen zu erhalten. Ich werde dann umgehend zu Ihrem Einigungsvorschlag vom 22.03.2017 Stellung nehmen.

Mit freundlichen kollegialen Grüßen

Rechtsanwalt

[10] 28.04.2017

11. Schreiben Kanzlei „Wohlsein“ an Kanzlei „ehr&wehr“:[11]

Sehr geehrte Herren Kollegen,
sehr geehrter Herr Kollege,

in vorgenannter Angelegenheit überreichen wir wie gewünscht Kopien der Gehaltsabrechnungen unserer Mandantin für Oktober, November und Dezember 2016.

Wir erwarten nunmehr Ihre Stellungnahme zu unserem Vergleichsvorschlag.

Mit freundlichen kollegialen Grüßen

(Rechtsanwalt)

[11] 11.05.2017

12. <u>Schreiben Kanzlei „ehr&wehr“ an Kanzlei „Wohlsein“:</u>[12]

Sehr geehrte Frau Kollegin,
sehr geehrter Herr Kollege,

in der vorbezeichneten Angelegenheit danke ich für die Übermittlung der restlichen Gehaltsabrechnungen Ihrer Mandantin.

Auf dieser Grundlage darf nunmehr zu den Einkommensverhältnissen der Parteien in 2016 und den sich daraus ergebenden Unterhaltsbeträgen folgendes ausgeführt und ein entsprechender Einigungsvorschlag in Beantwortung Ihres Vorschlags im Schreiben vom 22.03.2017 unterbreitet werden:

I. Einkommen Herr A. in 2016

Summe der Einnahmen gem. Aufstellung Herr A.	14.235,99 €
./. Summe Sozialversicherung gem. Aufstellung	3.525,21 €
Jahreseinnahmen	10.710,78 €
Pro Monat ergibt dies ein Durchschnittsnetto von	892,56 €
Zuzüglich Mietersparnis	1.492,56 €

(wobei man über die Höhe noch streiten könnte angesichts der Tatsache, dass alleine Hauskosten in Höhe von 560,00 € p. M. anfallen)

Damit fällt Herr A. in die Einkommensgruppe I der Düsseldorfer Tabelle, angesichts der hohen Hauskosten und angesichts der Tatsache, dass in der Einkommensaufstellung seine berufsbedingten Fahrt- und PKW-Kosten noch nicht berücksichtigt sind.

[12] 16.05.2017

II. Einkommen Frau G. in 2016

Die Summe der Auszahlungsbeträge in 2016 beträgt	29.683,00 €
Umgerechnet auf den Monat ergibt dies einen Auszahlungsbetrag von	2.473,00 €
Für Krankenversicherung wird abgezogen pauschal (die genaue Zahlung von Krankenversicherungsbeiträgen durch Ihre Mandantin ist hier nicht bekannt)	250,00 €
hinzu ist zu rechnen mietfreies Wohnen	500,00 €
ergibt monatlich	2.723,00 €

Um Ihrer Mandantin entgegen zu kommen, mag hier, da dieses Einkommen kurz über der Grenze von der 4. zur 5. Einkommensgruppe liegt, die 4. Einkommensgruppe zugrundegelegt werden.

Da Unterhaltspflicht für 4 Personen besteht, ist danach die Einkommensgruppe 2 zugrunde zu legen.

III. Unterhaltsverpflichtung Herr A. gegenüber der jüngeren Tochter

12 x 289,00 €	3.468,00 €
./. Leistungen der Unterhaltsvorschusskasse, die unser Mandant an diese zahlt	2.335,00 €
verbleiben	1.133,00 €

Am 19.01.2016 hat unser Mandant an Ihre Mandantin für beide Kinder 632,00 € gezahlt, entsprechend beim Unterhalt für die jüngere Tochter abziehbar 289,00 €

verbleibt ein Zahlbetrag von 844,00 €.

IV. Unterhalt für die jüngere Tochter 2017

bisher 5 x 297,00 €	1.485,00 €

Die Unterhaltsvorschusskasse hat hierauf gezahlt

5 x 201,00 €	1.005,00 €
verbleibt eine Zahlungsschuld	
unserer Mandanten i. H. v.	480,00 €.

V. Unterhaltsanspruch der ältesten Tochter gegenüber unserem Mandanten in der Zeit von Januar bis Juni 2016

Im Laufe des Monats Juni 2016 ist die älteste Tochter zu unserem Mandanten gezogen.

Zahlbetrag nach Düsseldorfer Tabelle	
6 x 355,00 €	2.130,00 €
./. Zahlung im Rahmen der Zahlung	
von 632,00 € vom 19.01.2016	343,00 €
offener Zahlbetrag	1.787,00 €

VI. Unterhalt für die älteste Tochter ab Juli 2016

Wie unser Mandant mitteilt, kann für diesen Zeitraum der Unterhalt für die älteste Tochter durch die Leistungen Ihrer Mandantin als erledigt angesehen werden.

VII. Unterhalt für die älteste Tochter ab Januar 2017

Entsprechend Einkommensgruppe 2 beträgt der Zahlbetrag 387,00 €. Dieser Betrag ist seitens Ihrer Mandantin im laufenden Jahr gezahlt.

VIII. Zusammenfassung

Nach den vorstehenden Ausführungen ergibt sich folgendes Zahlenwerk, das unser Mandant im Rahmen einer Einigung anerkennen könnte:

1. Forderung Ihrer Mandantin für die älteste Tochter	
für den Zeitraum Jan. bis Juni 2016	1.787,00 €
2. Forderung Ihrer Mandantin für Unterhalt der jüngeren Tochter	
für den Zeitraum Jan. bis Dez. 2016	844,00 €
für den Zeitraum Jan. bis Mai 2017	480,00 €
Ergibt eine Summe des von unserem Mandanten im Rahmen einer Einigung anzuerkennenden und zahlenden Betrages für die Zeit bis einschließlich Mai 2017	3.111,00 €

Für die Zeit ab Juni 2017 könnte ein entsprechender Zahlbetrag sowohl zu Lasten unseres Mandanten als auch zu Lasten Ihrer Mandantin anerkannt werden, so dass von Seiten Ihrer Mandantin lediglich ein Differenzbetrag von 90,00 € zu zahlen wäre.

Im Rahmen einer möglichen Einigung wäre unser Mandant ggf. auch bereit, seine Unterhaltsverpflichtung nach Einkommensgruppe 2 zugrunde zu legen mit den entsprechenden erhöhten Werten für die Vergangenheit und geringeren Differenzbeträgen für die Zukunft.

Ich wäre Ihnen dankbar, wenn Sie das obige Zahlenwerk überprüfen würden und ggf. einen Gegenvorschlag für eine Einigung übermitteln könnten.

Mit freundlichen kollegialen Grüßen

Rechtsanwalt

13. <u>Schreiben Kanzlei „ehr&wehr“ an Kanzlei „Wohlsein“:</u>[13]

Sehr geehrte Frau Kollegin,
sehr geehrter Herr Kollege,

in meinem Schreiben vom 16.05.2017 ist unter Ziffer VII ein Fehler enthalten. Richtig ist, dass Ihre Mandantin im laufenden Jahr den Unterhalt für die älteste Tochter in den Monaten Januar und Februar gezahlt hat. In den folgenden Monaten wurde nichts gezahlt. Somit müsste die Rechnung für die Zeit von Januar bis Mai 2017 wie folgt aussehen:

Unterhalt für die älteste Tochter:

5 x 387,00 €	1.935,00 €
./. gezahlter	774,00 €
Rest für 2017	1.161,00 €

Unterhalt für die jüngere Tochter:

5 x 297,00 €	1.485,00 €
./. Unterhaltsvorschusskasse 5 x 201,00 €	1.005,00 €
Restforderung Ihrer Mandantin für Unterhalt	480,00 €

Es verbleibt noch eine Verbindlichkeit Ihrer Mandantin für 1 bis 5/2017 in Höhe von 1161,00 € minus 480,00 € = 681,00 €

Mit freundlichen kollegialen Grüßen

Rechtsanwalt

[13] 18.05.2017

14. Schreiben Kanzlei „Wohlsein“ an Kanzlei „ehr&wehr“:[14]

Sehr geehrter Herr Kollege,

haben Sie vielen Dank für Ihren mit Schreiben vom 16.05.2017 unterbreiteten Gegenvorschlag.

Unsere Mandantin ist allerdings nicht bereit, von unserem mit Schreiben vom 22.03.2017 vorgenommenen Vorschlag abzuweichen. Sie begehrt ausdrücklich die Fortsetzung des Verfahrens. Sollte Ihr Auftraggeber doch noch unserem Vergleichsvorschlag zustimmen können, bitten wir um Mitteilung bis zum 19.06.2017; andernfalls sind wir auf ausdrücklichen Wunsch unserer Mandantin gehalten, das Verfahren fortzusetzen.

Mit freundlichen kollegialen Grüßen

(Rechtsanwältin)

[14] 12.06.2017

15. Schreiben Kanzlei „Wohlsein" an Frau G.:[15]

G. ./. A.

Sehr geehrte Frau G.,

in vorgenannter Angelegenheit nahm Herr Rechtsanwalt heute telefonisch Kontakt mit uns auf. Er hat unser Schreiben erst jetzt erhalten, da er die letzte Woche kanzleiabwesend im Urlaub war. Er wird die Angelegenheit mit seinem Mandanten besprechen. Sollten wir bis Anfang nächster Woche (26.06.2017) keine weitere Nachricht erhalten, werden wir das Verfahren wunschgemäß fortführen.

Mit freundlichen Grüßen

(Rechtsanwältin)

[15] 22.06.2017

16. Schreiben der UVK an Frau G.:[16]

Antrag auf Leistungen nach dem Unterhaltsvorschussgesetz - UVG - für die älteste Tochter

Sehr geehrte Frau G.,

wir teilen Ihnen mit, dass Herr A. einen Antrag auf Gewährung von Unterhaltsleistungen nach dem UVG für Ihre Tochter gestellt hat.

Sie hätte u. a. dann einen Anspruch auf eine Unterhaltsleistung nach diesem Gesetz, sofern Sie nicht oder nicht regelmäßig Unterhalt und dies zumindest in Höhe der Unterhaltsleistung nach dem UVG, für Ihre Tochter zahlen.

Hierzu möchten wir Sie auf folgendes hinweisen:
Sie erhalten derzeit laufende Unterhaltsvorschussleistungen für Ihre jüngere Tochter. Gemäß Ziffer 1.5.2 der Richtlinien zum UVG besteht bei sogenannten „aufgeteilten Kindern“ kein Anspruch auf Unterhaltsvorschussleistungen (für beide Kinder).

Eine gegenseitige Freistellung bei „aufgeteilten Kindern“ ist dann anzunehmen, wenn beide Elternteile für die gleiche Anzahl von Kindern sorgen sowie in Höhe der Unterhaltsvorschussleistungen wegen tatsächlichen Einkommens leistungsfähig sind.

Wenn z.B. von zwei Kindern geschiedener oder getrennt lebender Eltern je eines bei einem der Elternteile wohnt und jeder der Elternteile für den

[16] 01.08.2017

vollen Unterhalt des bei ihm lebenden Kindes allein aufkommt, ist jedes dieser Kinder so zu behandeln, als zahle der andere Elternteil regelmäßig den in § 2 Abs. 1 und 2 UVG bezeichneten Mindestunterhalt. Dies gilt unabhängig davon, ob beide Elternteile eine ausdrückliche Vereinbarung darüber getroffen haben, dass jeder seine Barunterhaltspflicht gegenüber dem bei dem anderen Elternteil lebenden Kindes dadurch erfüllt, dass er den Barunterhalt des bei ihm lebenden Kindes selbst trägt.

Für die Prüfung, ob von „aufgeteilten Kindern" ausgegangen werden kann, möchten wir Sie bitten, uns Ihr Nettoeinkommen anhand von Belegen nachzuweisen. Wir machen darauf aufmerksam, dass bei „aufgeteilten Kindern" die Unterhaltsvorschussleistungen für die jüngere Tochter (lebt bei Ihnen) eingestellt und der Antrag auf Unterhaltsvorschussleistungen für die älteste Tochter abgelehnt werden muss. Die Unterhaltsvorschusszahlungen für die jüngere Tochter haben wir vorerst ausgesetzt.

Wir geben Ihnen nun hiermit Gelegenheit, sich zum Antrag auf Leistungen nach dem UVG ***innerhalb der nächsten zwei Wochen*** uns gegenüber zu äußern. Sollten Sie von dieser Möglichkeit keinen Gebrauch machen, werden wir nach Aktenlage entscheiden, was sich unter Umständen nachteilig für Sie auswirken kann.

Mit freundlichen Grüßen
Im Auftrag

Kreisverwaltung

17. Schreiben der Kanzlei „Wohlsein“ an die UVK:[17]

Sehr geehrte Damen und Herren,

in vorgenannter Angelegenheit teilen wir mit, dass noch ein Unterhaltsverfahren vor dem Amtsgericht – Familiengericht – läuft. Eine Entscheidung liegt noch nicht vor.

Es wird daher vorgeschlagen, die Sache bis zur Entscheidung des Gerichts zurückzustellen. Über den Ausgang informieren wir Sie dann. Unsere Mandantin hat Ihnen bereits eine Gehaltsmitteilung für Juli 2017 übersandt. Zudem teilen wir mit, dass die Mandantin erneut schwanger ist. Eine Kopie des ärztlichen Attests fügen wir anbei.

Mit freundlichen Grüßen

(Rechtsanwältin)

[17] 21.08.2017

18. Schreiben der Kanzlei „Wohlsein" an das Amtsgericht:[18]

In Sachen

G.

./.

A.

bitten wir den Verfahren nunmehr Fortgang zu geben.

Außergerichtliche Vergleichsverhandlungen sind gescheitert.

Es hat sich jedoch ein zu berücksichtigender Umstand ergeben, nämlich ist die Antragsgegnerin schwanger. Eine ärztliche Bestätigung fügen wir als Anlage bei.

Die Rechtsanwälte
durch

[18] 21.08.2017

19. Schreiben der Kanzlei „ehr&wehr“ an das Amtsgericht:[19]

In der Familiensache

A. gegen G.

ist mit Bedauern festzustellen, dass eine Einigung trotz intensiver Bemühungen bisher nicht zustande gekommen ist.

Aus Sicht des Antragstellers lagen und liegen die Vorstellungen der Verfahrensbeteiligten nicht in bedeutendem Umfang auseinander, so dass von Seiten des Antragstellers nicht nachvollziehbar ist, weshalb es zu einer Einigung nicht gekommen ist.

Wir überreichen als **Anlage** 1 unser Schreiben an die Verfahrensbevollmächtigten der Antragsgegner vom 06.02.2017, als **Anlage** 2 Schreiben der Antragsgegnerseite vom 22.03.2017, unser Schreiben an die Gegenseite vom 18.04.2017 nebst Kopie der Anlagen (**Anlage** 3), als **Anlage** 4 unser Schreiben vom 28.04.2017 nebst eidesstattlicher Erklärung unseres Mandanten, jeweils in Kopie. Als **Anlage** 5 überreichen wir den Einigungsvorschlag mit Schreiben vom 16.05.2017, ergänzt durch das Schreiben vom 18.05.2017, welches als **Anlage** 6 in Kopie überreicht wird. Mit dem als **Anlage** 7 in Kopie überreichten Schreiben wurde der Vergleichsvorschlag abgelehnt, ohne einen Gegenvorschlag zu unterbreiten.

Rechtsanwalt.

[19] 29.08.2017

20. Schreiben der Kanzlei „Wohlsein" an Frau G.:[20]

!!! E i l t !!!

A. ./. G.

Sehr geehrte Damen und Herren,

beigefügt erhalten Sie den gegnerischen Schriftsatz vom 29.08.2017, hier eingegangen am 08.09.2017, mit der Bitte um Kenntnis- **und Stellungnahme**. Das Gericht hat uns hierzu eine **Frist bis zum 28.09.2017** gesetzt.

Mit freundlichen Grüßen

(Rechtsanwalt)

[20] 08.09.2017

21. Schreiben der Kanzlei „Wohlsein“ an das Amtsgericht:[21]

In Sachen

G.

./.

A.

bitten die Antragsgegner nunmehr um Entscheidung durch das Gericht.

Richtig ist, dass Vergleichsbemühungen gescheitert sind. Auf Seiten der Antragsgegner bzw. der sie vertretenden Kindesmutter bestehen erhebliche Zweifel an der Vollständigkeit und Wahrheit der erteilten Auskünfte des Antragstellers. Der Antragsteller hat immer wieder vortragen lassen, neben seiner Selbständigkeit „nur wenige Stunden ohne Bezahlung gearbeitet zu haben“. Nachweislich hatten jedoch mindestens drei Arbeitsverträge Bestand und zwar mit der K., mit der G. und mit der I. Möglicherweise bestand zudem noch ein Arbeitsvertrag mit der A.

[21] 26.09.2017

Da der Antragsteller hier offensichtlich versucht, Auskünfte seine Einkommenssituation betreffend zu verschleiern, begeht er Prozessbetrug. Das Gericht wird daher gebeten, die entsprechenden Schritte einzuleiten und die Akte an die zuständige Staatsanwaltschaft weiterzuleiten.

In der Sache selbst wird das Gericht gebeten, zu entscheiden, da die Vergleichsverhandlungen endgültig gescheitert sind.

Der Vollständigkeit halber teilen wir mit, dass uns die Mutter der Antragsgegner informiert hat, dass sie erneut Mutter geworden sei. Bei der Bestimmung eines etwaigen Verhandlungstermins wird das Gericht gebeten, erst nach dem 19.11.2017 zu terminieren, da dann die Mutterschutzfrist endet.

Die Rechtsanwälte
durch

22. Schreiben der Kanzlei „ehr&wehr“ an das Amtsgericht:[22]

In der Familiensache

A. gegen G.

sind die Ausführungen der Antragsgegnerin im Schriftsatz vom 26.09.2017 nicht nachvollziehbar. Der Antragsteller hat gegenüber der Antragsgegnerin ausdrücklich versichert, seine Einkünfte zutreffend und in vollem Umfange angegeben zu haben. Die Antragsgegnerin sollte sich lieber dazu bereit finden, die Realitäten der Familie anzuerkennen und auf die Rechte aus der Jugendamtsurkunde betreffend die älteste Tochter für die Zeit ab deren Übersiedlung zum Antragsteller verzichten, damit nicht das Gericht entsprechend entscheiden muss.

Ein Gerichtstermin zur Erledigung der gesamten Angelegenheit liegt im Interesse sowohl der Kinder als auch des Antragstellers. Die Antragsgegnerin hat hieran wohl kein echtes Interesse. Dem Unterzeichner erschließt sich nicht, weshalb jemand an einem Gerichtstermin während der „Mutterschutzfrist“ nicht teilnehmen können sollte. Unabhängig hiervon ist es dem Unterzeichner aus Urlaubsgründen nicht möglich, in der zweiten Novemberhälfte einen Termin wahrzunehmen.

Rechtsanwalt

[22] 02.10.2017

23. Schreiben der Kanzlei „ehr&wehr“ an das Amtsgericht:[23]

In der Familiensache

A. gegen G.

können die Ausführungen der Antragsgegnerin im Schriftsatz vom 26.09.2017 in keiner Weise akzeptiert werden. Die Antragsgegnerin wird hiermit aufgefordert, ihre Unterstellung eines Prozessbetruges durch den Antragsteller umgehend zurückzunehmen mit dem Ausdruck des Bedauerns und sich hierfür zu entschuldigen.

Die Antragsgegnerin hat eine eidesstattliche Erklärung des Antragstellers über die Richtigkeit seiner Angaben vorliegen.

Die Antragsgegnerin sollte, bevor sie ins Blaue hinein Behauptungen aufstellt, sich zunächst einmal informieren. Die G. ist mit der I. identisch.

Der Antragsteller hat in den Jahren 2016 und 2017 keine weiteren Arbeitsverträge abgeschlossen.

Für den D. hat er kein Geld oder geldwerte Leistungen erhalten. Dies waren insgesamt 5 Stunden. Danach war seine Mitarbeit zum einen nicht mehr nötig und zum anderen war dieses Ehrenamt für seinen Gesundheitszustand (Chemotherapie) zu anstrengend. Im gesamten Jahr 2016 war der Antragsteller durch seine Darmkrebserkrankung gezeichnet und geschwächt, so dass auf dieser Grundlage Bemühungen

[23] 30.10.2017

zur Verbesserung der Einkommenssituation nicht möglich waren. Dennoch hat er am B. teilgenommen – leider ohne Erfolg. Es waren drei Stellen ausgeschrieben, es gab drei Bewerber einschließlich des Antragstellers, keiner hat eine Stelle erhalten.

Im Mai fand die Bauchoperation mit Entfernung eines Teiles des Dickdarmes statt. Danach musste sich der Antragsteller einer intensiven Chemotherapie unterziehen, die ihn jeweils für mehrere Tage wieder äußerst beeinträchtigte. Er steht noch ständig in Betreuung und Behandlung. Der Antragsteller stellt klar, dass, wenn von Antragsgegnerseite ihm noch einmal Lüge oder Betrug vorgeworfen werden sollte, er umgehend strafrechtliche Schritte einleitet. Er muss sich nun wirklich nicht alles von der Antragsgegnerin gefallen lassen.

Wir überreichen ergänzend als **Anlage** 1 den Einkommenssteuerbescheid vom 10.10.2017 für das Jahr 2016. Als **Anlagen** 2 und 3 überreichen wir die Gehaltsmitteilungen für November und Dezember 2016, als **Anlage** 4 den Bescheid der Agentur für Arbeit vom 21.02.2017. Als **Anlage** 5 überreichen wir die Aufstellung des Antragstellers über seine Einkünfte im Jahr 2017. Als **Anlage** 6 überreichen wir die Gehaltsmitteilung für Oktober 2017 sowie die Gehaltsmitteilungen für Januar und Februar 2017. Als **Anlage** 7 überreichen wir das Arbeitszeugnis der I.

Bis zum heutigen liegt keine ordnungsgemäße Auskunft der Antragsgegnerin über ihr eigenes Einkommen während dieses gesamten Zeitraumes vor.

Rechtsanwalt

24. Schreiben des Amtsgerichts an die Kanzlei „Wohlsein“:[24]

In Sachen
A. ./. G.
wg. Unterhalt Kind

Sehr geehrte Damen und Herren Rechtsanwälte,

im oben bezeichneten Verfahren wurde der Haupttermin bestimmt auf:

Wochentag und Datum: **Donnerstag, 01.03.2018**
Uhrzeit: **14:00 Uhr**

Zu diesem Termin werden Sie hiermit geladen.

Mit freundlichen Grüßen
Auf Anordnung

Justizinspektorin
Dieses Schreiben wurde elektronisch erstellt und ist ohne Unterschrift gültig.

[24] 09.01.2018

25. Schreiben der Kanzlei „Wohlsein“ an Frau G.:[25]

A. ./. G.

Sehr geehrte Frau G.,

in der obigen Angelegenheit erhalten Sie anschließend die Ladung des Amtsgerichts vom 09.01.2018 mit der freundlichen Bitte um Kenntnisnahme.

Der Ladung ist zu entnehmen, dass Haupttermin für

Donnertag, 01.03.2018, 14:00 Uhr,

anberaumt wurde.

Solange Ihr persönliches Erscheinen nicht angeordnet wurde, brauchen Sie zu dem Termin nicht erscheinen. Wir haben uns den Termin bereits notiert und werden im Anschluss daran Bericht erstatten.

Bei Rückfragen stehen wir Ihnen jederzeit gerne zur Verfügung.

Mit freundlichen Grüßen

(Rechtsanwältin)

[25] 09.01.2018

II. Teilantragsrücknahme (2018):

1. Schreiben Amtsgericht an die Kanzlei „Wohlsein“:[26]

In Sachen
A. ./. G.
wg. Unterhalt Kind

Sehr geehrte Damen und Herren Rechtsanwälte,
im obiger Sache werden die Parteien auf folgendes hingewiesen: Mit dem Obhutwechsel der Antragsgegnerin zu 1) in den Haushalt des Antragstellers endete die gesetzliche Verfahrensbeistandschaft nach § 1629 III BGB der Kindesmutter sowohl betreffend die laufenden als auch die rückständigen Unterhaltsansprüche. Grundsätzlich wird der Verfahrensbeistand nunmehr vom Antragsteller ausgeübt. Bei dieser Sachlage kann der Antragsteller von der Kindesmutter eine Herausgabe des Titels verlangen, Vollstreckungen der Kindesmutter aus diesem Titel sind unzulässig, auch betreffend rückständigen Unterhalt vor dem Obhutwechsel. Es wird deshalb angefragt, ob und inwieweit der Antragsteller das Verfahren gegen die nunmehr bei ihm lebenden Antragsgegnerin zu 1) fortsetzen will oder ob der Antrag insoweit zurückgenommen wird.

Mit freundlichen Grüßen
auf Anordnung
Justizsekretär
Dieses Schreiben wurde elektronisch erstellt und ist ohne Unterschrift gültig.

---

[26] 22.02.2018

2. Schreiben der Kanzlei „Wohlsein" an Frau G.:[27]

A. ./. G.

Sehr geehrte Frau G.,

in der oben genannten Angelegenheit erhalten Sie anliegend das Schreiben des Amtsgerichts vom 22.02.2018 mit der freundlichen Bitte um Kenntnisnahme.

Wir werden insoweit mitteilen, ob die Gegenseite den Antrag zurücknehmen oder aufrechterhalten wird.

Bei Rückfragen stehen wir Ihnen jederzeit gerne zur Verfügung.

Mit freundlichen Grüßen
für die kanzleiabwesende Rechtsanwältin

(Rechtsanwalt)

[27] 23.02.2018

3. Schreiben der Kanzlei „ehr&wehr“ an das Amtsgericht:[28]

In der Familiensache

A. gegen G.

wegen Kindesunterhalt

bestätige ich den Eingang des gerichtlichen Schreibens vom 22.02.2018.

Frau G., die Mutter der Kinder, um deren Unterhalt es hier geht, ist durch den Unterzeichner bereits mit Schreiben vom 31.08.2016, welches als Anlage in Kopie beigefügt wird, zur Herausgabe der vollstreckbaren Jugendamtsurkunde für den Unterhalt der ältesten Tochter aufgefordert worden. Dieser Aufforderung ist sie bis zum heutigen Tage nicht nachgekommen. Es wird ausdrücklich eine Klageänderung vorbehalten mit dem Antrag auf Herausgabe der vollstreckbaren Urkunde des Jugendamtes der Kreisverwaltung vom 24.05.2011.

Aufgrund der Versuche der Verfahrensbevollmächtigten, vorliegend zu einer Einigung zu gelangen, geriet offensichtlich diese Aufforderung in den Hintergrund. Der Antragsteller ist nunmehr gewillt, den nötigen Antrag bei Gericht zu stellen, sofern Frau G. nicht bereit ist, ihrer Verpflichtung zur Herausgabe, auf die das Gericht mit Schreiben vom 22.02.2018 hingewiesen hat, nachkommt. Im Termin würde gleichzeitig mit der dann selbstverständlichen Rücknahme des bisherigen Antrags bezüglich Unterhalt für die älteste Tochter der entsprechende Antrag gestellt werden.

Rechtsanwalt

[28] 26.02.2018

4. <u>Schreiben der Kanzlei „ehr&wehr“ an die Kanzlei „Wohlsein“:[29]</u>

Sehr geehrte Frau Kollegin,

in der Familiensache A. / G. überreiche ich als Anlage Kopie meines heutigen an das Amtsgericht gerichteten Schriftsatzes.

Darf ich davon ausgehen, dass Frau G. die in ihrem Besitz befindliche Jugendamtsurkunde im Termin herausgibt?

Anderenfalls müsste ich einen entsprechenden Herausgabeantrag bei Gericht stellen.

Mit freundlichen kollegialen Grüßen

Rechtsanwalt

[29] 26.02.2018

5. Schreiben der Kanzlei „Wohlsein“ an Frau G.:[30]

Sehr geehrte Frau G.,

in der oben genannten Angelegenheit erhalten Sie anliegend das Schreiben der gegnerischen Kollegen vom 26.02.2018 mit der Bitte um Kenntnis- sowie Stellungnahme.

Bei Rückfragen stehen wir Ihnen jederzeit gerne zur Verfügung.

Ebenfalls bitten wir darum, die Jugendamtsurkunde zum Termin am 01.03.2018 mitzubringen.

Mit freundlichen Grüßen

(Rechtsanwältin)

[30] 27.02.2018

6. Schreiben Frau G. an die Kanzlei „Wohlsein“:[31]

Sehr geehrte Frau Rechtsanwältin,

Ihre Schriftstücke vom 22.01.2018, vom 23.02.2018 und vom 27.02.2018 habe ich erhalten und zur Kenntnis genommen.

Am 22.01.2018 teilten Sie mir mit, dass ich, solange mein persönliches Erscheinen nicht angeordnet sei, nicht zum Haupttermin am Donnerstag, 01.03.2018 erscheinen müsse. Heute teilen Sie mir mit, ich möge die Jugendamtsurkunde zum Termin am 01.03.2018 mitbringen.

Dies ist mir aus folgenden Gründen nicht möglich:

a) Ich werde, da mein persönliches Erscheinen nicht angeordnet wurde, übermorgen nicht erscheinen;
b) In meinem „Besitz“ befinden sich lediglich die sog. „beglaubigten Abschriften der Urkunden“ vom 24.05.2011; die beiden vollstreckbaren Ausfertigungen der Jugendamtsurkunden befinden sich in Ihren Akten / Unterlagen.

Im Schreiben vom 18.05.2016 schreibt mir Herr Rechtsanwalt (Az. 2016 / Zwangsvollstreckung): „in obiger Angelegenheit haben wir die beiden vollstreckbaren Ausfertigungen der Jugendamtsurkunde heute erhalten.“

Mit freundlichem Gruß

Frau G.

---

[31] 27.02.2018

7. Schreiben der Kanzlei „Wohlsein“ an Frau G.:[32]

Sehr geehrte Frau G.,

haben Sie vielen Dank für Ihre Mail vom 27.02.2018. Die beiden Jugendamtsurkunden liegen uns vor. Wir bitten zu entschuldigen, dass wir Sie mit gestrigem Schreiben gebeten hatten, die Urkunden zum Termin morgen mitzubringen. Dies war ein Versehen.

Die Urkunde, die älteste Tochter betreffend, werden wir im Termin morgen herausgeben, die Gegenseite wird den Antrag diesbezüglich zurücknehmen.

Mit freundlichen Grüßen

(Rechtsanwältin)

[32] 28.02.2018

8. Schreiben Frau G. an die Kanzlei „Wohlsein“:[33]

Sehr geehrte Frau Rechtsanwältin,

ich möchte Sie dringend bitten, eine Jugendamtsurkunde erst dann herauszugeben, wenn alle durch die Urkunde begründeten rückständigen Forderungen beglichen sind.

Mit freundlichem Gruß

Frau G.

[33] 01.03.2018

9. Schreiben der Kanzlei „Wohlsein“ an Frau G.:[34]

A. ./. G.

Sehr geehrte Frau G.,

in vorgenannter Angelegenheit berichten wir über den am 01.03.2018 vor dem Amtsgericht – Familiengericht – stattgefundenen Termin.

Das Gericht wiederholte seinen Hinweis aus seinem Schreiben vom 22.02.2018 und wies darauf hin, dass der Antrag auf Abänderung hinsichtlich der nunmehr beim Kindesvater lebenden ältesten Tochter (Antragsgegnerin zu 1) zurückgenommen werden sollte.

Der Antragstellervertreter erklärte daraufhin auch die Rücknahme dieses Antrages.

Hinsichtlich des Antrages betreffend die jüngere Tochter wird das Gericht am 22.03.2018 entscheiden.

Hierüber werden wir Sie selbstverständlich informieren.

Mit freundlichen Grüßen
von RAin diktiert und in ihrer Abwesenheit unterzeichnet von

(Rechtsanwalt)

[34] 02.03.2018

10. Protokoll des Amtsgerichts:[35]

Protokoll

aufgenommen in der nichtöffentlichen Sitzung des Amtsgerichts – Familiengericht – am Donnerstag, 01.03.2018

Gegenwärtig:

Richterin am Amtsgericht

Von der Zuziehung eines Protokollführers wurde gemäß §§ 113 FamFG, 159 Abs. 1 ZPO abgesehen.

In der Familiensache

A.,

- **Antragsteller** -

Verfahrensbevollmächtigte: Kanzlei „ehr&wehr“

gegen

[35] 09.03.2018

a. Die ältere Tochter, vertreten durch ihre Mutter,
b. Die jüngere Tochter, vertreten durch ihre Mutter,

\- **Antragsgegner -**

Verfahrensbevollmächtigte: Kanzlei „Wohlsein"

wegen Kindesunterhalt

erscheinen bei Aufruf der Sache:

1. **Antragstellerseite:**
- Verfahrensbevollmächtigte Kanzlei „ehr&wehr"

2. **Antragsgegnerseite:**
- Verfahrensbevollmächtigte Kanzlei „Wohlsein"
- Verfahrensbevollmächtigte Kanzlei „Wohlsein"

Die Sachlage wird kurz erörtert.

Antragstellervertreter erklärt,

Ich nehme den Antrag bezüglich der Antragsgegnerin zu 1) zurück.

Vorgespielt und genehmigt.

Sodann stellt der Antragstellervertreter den Antrag aus dem Schriftsatz vom 29.01.2016 zu Ziffer 2).

Antragsgegnervertreterin beantragt,

den Antrag zurück zu weisen.

Beschlossen und verkündet.

Termin zur Verkündung einer Entscheidung wird bestimmt auf

Donnerstag, den 22.03.2018, 13.15 Uhr.

Protokoll wurde fertigstellt am: 09.03.2018

Richterin am Amtsgericht

Justizbeschäftigte
als Urkundsbeamtin der Geschäftsstelle
zugleich für die Richtigkeit und Vollständigkeit der Übertragung vom Tonträger.

Der Tonträger wird frühestens 1 Monat nach Zugang des Protokolls gelöscht, sofern keine Einwendungen erhoben werden.

11. Beschluss des Amtsgerichts:[36]

IM NAMEN DES VOLKES

Beschluss

In der Familiensache

A.,

- **Antragsteller** -

Verfahrensbevollmächtigte: Kanzlei „ehr&wehr"

gegen

a. Die ältere Tochter, vertreten durch ihre Mutter,
b. Die jüngere Tochter, vertreten durch ihre Mutter,

- **Antragsgegner** -

Verfahrensbevollmächtigte: Kanzlei „Wohlsein"

wegen Kindesunterhalt

[36] 22.03.2018

hat das Amtsgericht – Familiengericht – durch die Richterin am Amtsgericht auf Grund der mündlichen Verhandlung vom 01.03.2018 beschlossen:

1. Der Antrag wird abgewiesen.

2. Die Kosten des Verfahrens trägt der Antragsteller.

3. Der Verfahrenswert wird bis zur Teilantragsrücknahme am 1.3.2018 auf 6.936,00 € festgesetzt, ab diesem Zeitpunkt auf 3468,00 Euro.

Gründe:

Der Antragsteller begehrt die Abänderung von Unterhaltstiteln in Form von Jugendamtsurkunden.

Der Antragsteller ist Vater von zwei ehelich geborenen Töchtern, den Antragsgegnerinnen. Beide Kinder lebten bis Mitte 2016 im Haushalt der Kindesmutter. Im August 2016 wechselte die Antragsgegnerin zu 1. in den Haushalt des Antragstellers.

Der Antragsteller hat eine Ausbildung als H. abgeschlossen und danach eine Hochschulausbildung im Fach T. absolviert. Zu Gunsten der Antragsgegnerinnen errichtete er Unterhaltstitel in Form von Jugendamtsurkunden am 24.05.2011, auf jeweils 100% des Mindestunterhaltes abzüglich des hälftigen Anteils des Kindergeldes. Seit Mai 2015 übt er eine selbstständige Tätigkeit als B. aus, wofür er bis einschließlich August 2016 noch einen Gründungszuschuss in Höhe von 300,00 EURO erhielt. Seit November 2016 ist er zusätzlich als P. im Rahmen bei der K. mit einer wöchentlichen Arbeitszeit von 10 Stunden angestellt. Des Weiteren hat er in der Zeit vom 05.12.2016 bis 31.01.2017 eine Tätigkeit in der I., ebenfalls mit einer wöchentlichen Arbeitszeit von 10 Stunden geleistet.

Der Antragsgegner beziffert selbst sein durchschnittliches, monatliches Nettoeinkommen im Jahre 2016 mit 892,00 EURO gemäß seiner Aufstellung aus dem Januar 2017 und für das Jahr 2017 mit durchschnittlich monatlich 983,00 EURO, gemäß seiner Aufstellung aus dem Oktober 2017. Der Antragsteller lebt mietfrei und lastenfrei im eigenen Haus. Er beziffert seine monatlichen Wohnkosten gemäß seiner Aufstellung vom 01.03.2017 mit insgesamt 561,08 EURO monatlich.

In der mündlichen Verhandlung vom 01.03.2018 hat der Antragsteller den Antrag gegen die Antragsgegnerin zu 1. zurückgenommen.

Er ist der Auffassung, dass er ab dem Jahre 2016 im Hinblick auf die Zahlung von Kindesunterhalt als nicht leistungsfähig anzusehen ist.

Er beantragt,

> die Urkunde über die Verpflichtung zum Unterhalt für die Antragsgegnerin zu 2. der Kreisverwaltung vom 24.05.2011, Reg.-Nr. 2011, dahin gehend abzuändern, dass der Antragsteller für die Zeit ab Januar 2016 nicht zahlungspflichtig ist.

Die Antragsgegnerin zu 2. beantragt,

den Antrag abzuweisen.

Sie ist im Wesentlichen der Auffassung, dass der Antragsteller als uneingeschränkt leistungsfähig anzusehen ist. Insbesondere bestreitet sie die Höhe der zugeflossenen Einkünfte und rügt die nicht ausreichenden Erwerbsbemühungen.

Wegen der weiteren Einzelheiten zum Sach- und Streitstand wird auf die zwischen den Parteien gewechselten Schriftsätze sowie die zu den Akten gereichten Unterlagen Bezug genommen.

Der zulässige Abänderungsantrag ist unbegründet, da der Antragsteller sich nicht mit Erfolg auf eine bestehende Leistungsunfähigkeit berufen kann.

Den Antragsteller trifft gegenüber der minderjährigen Antragsgegnerin die verschärfte Unterhaltspflicht nach § 1603, Abs. 2 Satz 1 BGB. Die Leistungsfähigkeit wird nicht nur durch die tatsächlich vorhandenen, sondern auch durch solche Mittel bestimmt, die er bei gutem Willen durch eine zumutbare Erwerbstätigkeit, unter Umständen aus, im Wege eines Orts- bzw. Berufswechsels erreichen könnte. Ihn trifft unterhaltsrechtlich die Obliegenheit, seine Arbeitsfähigkeit in bestmöglicher Weise einzusetzen und eine mögliche Erwerbstätigkeit auszuüben. Gegenüber minderjährigen Kindern erfährt diese Verpflichtung, auf Grund der § 1603 Abs. 2 BGB, eine Verschärfung dahin, dass die Unterhaltspflichten eine erheblich gesteigerte Verpflichtung zur Ausnutzung der Arbeitskraft trifft. Legt der für seine

Leistungsfähigkeit darlegungs- und beweisbelastete Unterhaltsverpflichtete nicht dar, dieser Obliegenheit vollständig gerecht geworden zu sein, so muss er sich so behandeln lassen, als ob er über ein Einkommen verfügt, welches für ihn bei gesetzestreuem Verhalten erzielbar gewesen wäre. Verfügt der Unterhaltsverpflichtete zwar über Einkünfte aus einer beruflichen Tätigkeit, reichen diese jedoch nicht aus, um den Mindestbedarf zu decken, so ist er zudem gehalten, entweder eine Nebentätigkeit aufzunehmen, oder sich um einen insgesamt besser bezahlten Arbeitsplatz zu bemühen. Seiner ihm obliegenden Darlegungs- und Beweislast für seine behauptete Leistungsunfähigkeit ist der Antragsteller hier nicht ausreichend nachgekommen. Insoweit wird auf die Entscheidung des Oberlandesgerichts vom 19.12.2016 im vorliegenden Verfahren im Rahmen der Verfahrenskostenhilfeentscheidung Bezug genommen. Hier wird insbesondere ausgeführt, dass es an einer in sich geschlossenen und belegten Darstellung der Einkommens- und Vermögensverhältnisse einschließlich der durchgeführten Bewerbungen für die Zeit ab 2016 fehlt, eingeschlossen der Nachweise, dass die Bewerbung sämtlich erfolglos verlaufen sind. Dies gilt insbesondere für das gesamte Jahr 2017.

Unabhängig davon, ist der Antragssteller nach seinen eigenen Angaben zu seinem Erwerbseinkommen in den Jahren 2016 und 2017 als leistungsfähig zur Zahlung des Kindesunterhaltes anzusehen.

Demnach hat er im Jahr 2016 ein monatliches Nettoeinkommen in Höhe von 892,00 EURO und im Jahr 2017 in Höhe von monatlich, durchschnittlich 983 EURO erzielt. Diesem Einkommen ist ein Wohnvorteil für das Wohnen im eigenen, mietfreien, lastenfreien Haus zuzurechnen. Hierzu haben die Parteien im vorliegenden Verfahren keine verwertbaren Angaben gemacht. Im Beschluss vom 10.02.2016 des hiesigen Gerichts zum Aktenzeichen 2015, wurde der Wohnvorteil mit 600,00 EURO monatlich bewertet. Damit würde sich ein monatliches Nettoeinkommen für das Jahr 2016 in Höhe von 1.493,00 EURO und für das Jahr 2017 in Höhe von 1.583,00 EUR ergeben. Die vom Antragssteller in seiner Aufstellung angeführten „Wohnkosten" sind nicht sämtliche als abzugsfähig anzuerkennen. Nach Auffassung des Gerichts kann der Antragsteller lediglich verbrauchsunabhängige Kosten mindernd geltend machen. Dies sind vorliegend die monatlichen Kosten für die Grundsteuer, den Schornsteinfeger, die Gebäudeversicherung, die Hausratversicherung, sowie gegebenenfalls die Straßenerneuerungsabgaben. Damit ergibt sich ein abzugsfähiger Betrag in Höhe von 49,76 EURO bzw. 79,76 EURO.

Gemäß der Düsseldorfer Tabelle, Stand 2016 sowie 2017, ergibt sich ein Zahlbetrag in der 1. Einkommensgruppe und 2. Altersstufe für die Antragsgegnerin zu 2. in Höhe von monatlich 289,00 EURO im Jahr 2016, 297,00 EURO im Jahr 2017 und 302,00 EURO im Jahre 2018. Unter Berücksichtigung eines Selbstbehaltes in Höhe von 1.080,00 EURO ist der Antragssteller somit als leistungsfähig anzusehen.

Nach alledem ist die Abänderungsklage deshalb als unbegründet zurückzuweisen.

Kosten und Nebenentscheidungen

Die Kostenentscheidung beruht auf § 243 Satz 1 und 2 Nr. 1 FamFG. Abweichend von den Vorschriften der Zivilprozessordnung über die Kostenentscheidung entscheidet das Gericht in Unterhaltssachen nach billigem Ermessen über die Verteilung der Kosten des Verfahrens auf die Beteiligten. Vorliegend ist hierbei insbesondere das Verhältnis von Obsiegen und Unterliegen der Beteiligten einschließlich der Dauer der Unterhaltsverpflichtung zu berücksichtigen.

Die Festsetzung des Verfahrenswertes beruht auf § 51 FamGKG.

Rechtsbehelfsbelehrung:

Gegen diesen Beschluss findet das Rechtsmittel der **Beschwerde** statt.

Die Beschwerde ist nur zulässig, wenn der Wert des Beschwerdegegenstandes 600,00 € übersteigt oder wenn das Gericht des ersten Rechtszugs die Beschwerde zugelassen hat.

Richterin am Amtsgericht

Erlass des Beschlusses (§ 38 Abs. 3 Satz 3 FamFG):
Verkündung am 22.03.2018

Justizsekretär
als Urkundsbeamter der Geschäftsstelle

More Books!

yes

I want morebooks!

Buy your books fast and straightforward online - at one of the world's fastest growing online book stores! Environmentally sound due to Print-on-Demand technologies.

Buy your books online at

www.get-morebooks.com

Kaufen Sie Ihre Bücher schnell und unkompliziert online – auf einer der am schnellsten wachsenden Buchhandelsplattformen weltweit!
Dank Print-On-Demand umwelt- und ressourcenschonend produziert.

Bücher schneller online kaufen

www.morebooks.de

SIA OmniScriptum Publishing
Brivibas gatve 1 97
LV-103 9 Riga, Latvia
Telefax: +371 68620455

info@omniscriptum.com
www.omniscriptum.com

OMNIScriptum

MIX
Papier | Fördert gute Waldnutzung
FSC® C083411

Kolibri 360 GmbH
Ferdinand-Jühlke-Straße 7
99095 Erfurt, Deutschland
produktsicherheit@kolibri360.de

Druck:
CPI Druckdienstleistungen GmbH
im Auftrag der
Kolibri 360 GmbH
Ferdinand-Jühlke-Str. 7
99095 Erfurt